Ulrich Schaffer   Vertraue dem Leben

Ulrich Schaffer
Vertraue dem Leben

Edition Schaffer im Kreuz Verlag

Vertraue dem Leben

Es gibt einen großen Lebensunmut unter uns. “Es bringt nichts”, “Es hat keinen Zweck”, “Warum schon...?” sind gängige Sprüche. Immer weniger scheint wirklich Spaß zu machen. In einer Zeit der Sparmaßnahmen, der Arbeitslosigkeit, der wachsenden wirtschaftlichen Unsicherheit, der neuen Gewalt, der Schamlosigkeit und Hemmungslosigkeit scheint vielen das Leben nicht mehr lebenswert zu sein. Wir haben unser Vertrauen verloren und wagen nicht mehr, uns in das Leben fallen zu lassen. Wir meinen, alles unter Kontrolle haben zu müssen.

Es gibt kein Patentrezept dafür, wie man Vertrauen wieder lernen kann. Die Erfüllung des Lebens ist etwas ganz Persönliches. Aber vielleicht ist in diesem Buch ein Gedanke für die Leserin oder den Leser, der – persönlich ausgebaut und gefüllt – den Mut zum Vertrauen stärken kann. Auch die Fotos habe ich so ausgesucht, dass sie etwas von der Vielfalt des Lebens spiegeln und einladen, über die vielen Angebote des Lebens nachzudenken. Wichtig scheint mir, dass wir uns die Mühe machen, den Reichtum unseres Lebens anzusehen und ihn bewusst zu erleben. Oft ist das Kleine, Unscheinbare, Alltägliche das, was uns am meisten verändert. Vielleicht können wir so lernen, uns selbst, einander und der Weisheit des Lebens neu zu trauen. Unser Leben wird reich sein.

Vielseitig und immer wieder neu
tritt das Leben an uns heran.
Vorsichtig und zart
hält es uns Wunder um Wunder hin.
Es begegnet uns im Geruch frischen Brotes,
im Geschmack eines Apfels,
den man selbst vom Baum gepflückt hat,
im Tau auf der Morgenwiese,
im Wind, der so stark ist,
dass man sich in ihn hineinlehnen kann,
in der Sonne auf dem Rücken,
deren Wärme durch den ganzen Körper zieht,
in dem offenen Blick eines Enkelkindes,
in einer Landschaft, die man gern hat.

Es ist nicht nötig, immer tiefsinnig zu sein
und weltverändernde Gedanken zu wälzen.
Lebendig zu sein, mit den fünf Sinnen,
mit den Gefühlen und unserem Denkvermögen
allein oder zusammen mit Freunden –
gibt es etwas Schöneres?

Es lohnt sich,
dem Leben zu vertrauen,
auch wenn wir immer nur diesen Moment haben.
Vertraue dem nächsten Moment,
weil in ihm die Welt neu beginnt.
Wenn wir aus dem Gewesenen lernen,
kann es uns gelingen,
das Kommende so zu gestalten,
dass wir uns in ihm wohl fühlen.

Jeder Moment trägt in sich
die Möglichkeit der Überraschung.
Deine Tage müssen nicht leer sein.
Wenn du dich in sie hineingibst,
werden sie dich mit Verwicklungen belohnen.
Das Leben wird nicht an dir vorbeigehen,
sondern du wirst es in die Hand nehmen.

Die ganze Welt ist durchzogen
von Adern der Liebe,
von Strömen der Zuwendung,
trotz aller Schreckensmeldungen.
Viele Millionen davon
haben ein dichtes Netz geknüpft,
das uns hält. Wer vertraut, sieht es.

Nichts wird so nötig in der Welt gebraucht
wie Menschen, die an Geld und Besitz,
an Ansehen, Ehre und Erfolg,
an Berühmtheit und Sicherheit vorbeisehen können
und die noch einen Blick für die Liebe haben –
die Liebe im Kleinen und Unscheinbaren,
nicht mit der Leidenschaftlichkeit,
die schnell verfliegt, sondern mit der Ausdauer,
an der andere gesunden können.

Weil es diese Liebe gibt,
dürfen wir vertrauen.
Wir dürfen uns hineinwagen in die Zuwendung,
in das Sorgetragen, die Berührung,
den Hautkontakt.

Wir haben die Wahl,
im Vertrauen oder im Misstrauen
in das neue Jahrtausend zu gehen.
Menschen mit einer Vision werden gebraucht.
Es lohnt sich, das neue Jahrtausend
als eine Chance zu verstehen
und nicht zu denen zu gehören,
die schon immer wussten,
dass es schlecht um uns steht.
Es lohnt sich, die Entwicklung
im Zeichen der Hoffnung zu sehen
und mit der ganzen Kraft unseres Willens
und unserer Gefühle eine Welt zu bauen,
in der eine jede und ein jeder
ohne Verfolgung leben kann.

Willst du mitmachen, eingreifen und gestalten?
Es lohnt sich, ein Mensch der Sicht zu sein.
Wer vertraut, sieht genauer

Im Vertrauen
können wir das Leid
– unser eigenes und das anderer –
in Wachstum verwandeln.
Du und ich, wir stehen an der Front,
an der viele hilflos sind.
Wollen wir die größte aller Herausforderungen annehmen
und der Sinnlosigkeit Sinn abgewinnen,
oder wollen wir uns davonstehlen
und das Leben selbst verraten?
Es ist leicht, die Hoffnung zu verlieren
und in den Chor der Misstrauischen einzustimmen.
Bist du Teil des Problems oder Teil der Lösung?

Die Schönheit,
zu der wir als Menschen auch fähig sind,
stärkt unser Vertrauen in das Leben.
Wir können einander ermutigen,
aufbauend zu wirken
und uns gegenseitig zu heilen
mit dem, was heil und gesund ist:
ein gutes Buch,
das wichtige Zusammenhänge deutlich macht,
ein altes oder ein neues Musikstück,
in dem man spürt,
dass sich ein Mensch Gedanken gemacht hat
über das Wesen und den Zustand des Menschseins,
ein Film, der in die Tiefe geht
und darum auf die Höhe der Einsicht führt,
ein Bild, gemalt oder fotografiert,
in dem die Schönheit der Welt ausgedrückt ist.

Es ist unsere Berufung,
einander zum Guten, Zarten, Vorsichtigen
und Schönen zu ermuntern
und es gegenseitig aus uns hervorzulocken.
So leben wir nicht nur für uns selbst.
So bilden wir eine Verschwörung zum Leben.

*Aus winzigen Taten
wächst Vertrauen,
aus dem Kleinen,
das keinen Preis gewinnt
und nicht mit Schlagzeilen bedacht wird:
aus dem mutmachenden Blick,
der helfenden Hand,
aus dem freundlichen Wort
und dem überraschenden Telefonat,
aus der Karte, die der andere nicht erwartet hat,
aus der Erinnerung an den Geburtstag,
aus der Ernsthaftigkeit eines Gesprächs,
aus dem mitgebrachten Stück Kuchen,
aus den Blumen ohne Anlass.
Es lohnt sich, einen Moment lang
bewusst zu überlegen, was von uns ausgeht
und welche Wirkung wir haben.
Durch uns entsteht Vertrauen.*

Mit einem jeden unserer Sinne
öffnet sich uns die Welt
und zieht uns zu sich.
Mit meinen sinnlichen Erlebnissen
nehme ich die Welt in mich auf
und lasse mich von ihr bewohnen.

Wir besitzen die unvergleichliche Fähigkeit zu sehen.
Ich vertraue dem Licht,
durch das die Welt in unserem Auge entsteht
und in unsere Seele fällt.
Wenn wir innehalten, merken wir,
dass unsere Augen uns unglaublich reich machen.
Ich erlebe die Welt über das Gehör,
ich vertraue der Sprache, den Geräuschen, der Stille.
Ich bin glücklich,
die Welt über die Ohren wahrnehmen zu können.
Selten fällt etwas so tief in unsere Seele
wie ein Ton, eine Melodie,
als wäre unser Innerstes ein Klangkörper,
der nur darauf gewartet hat,
endlich Echo zu sein.

Und reich macht uns auch unsere Fähigkeit
zu fühlen, zu riechen, zu schmecken

*Vertraue
deiner inneren Weisheit,
in der du den Weg gehst,
der tief in dir angelegt ist.
Dein Leben muss sich nicht ändern,
um gut zu sein.
Vielleicht verändert sich
dein Leben gerade dann,
wenn du das begreifst.
Du musst nicht kriechen,
dich nicht auf Schuld konzentrieren,
nicht immer an dir zweifeln.
Ahnst du deine Möglichkeiten,
wenn du dich selbst annimmst?
Alle Verwandlung geschieht gerade da,
wo wir stehen.
Sie geht von innen nach innen.
Die Heilung jeder Wunde beginnt da,
wo wir leiden. Gehe bedächtig
den stillen Weg zu dir selbst.*

*Die weite Reise zu uns selbst
ist voller Abenteuer und Schwierigkeiten.
Uns begegnet das Unverständliche,*

das Notvolle und Beängstigende.
Die Schatten unserer Vergangenheit,
die Skelette des Totgeschwiegenen,
das Verdrängte und nicht Angenommene,
sie alle bedrängen uns,
aber es lohnt sich, an ihnen vorbei
und durch sie hindurch
uns unseren Weg zu bahnen.

Vertraue deinem Wunsch nach Leben.
Nichts anderes willst du.
Auch auf dieser Reise, wie auf jeder anderen,
stößt du auf Gott in seiner Buntheit,
ob du es merkst oder nicht.
Aber du brauchst dich nicht vorzubereiten,
du bist vorbereitet, wenn du so bist,
wie du bist. Darin liegt deine Schönheit.
Auf dieser Reise
beschenken wir uns selbst unaufhörlich
mit uns selbst.
Es ist ein tiefes Erlebnis,
auf den unauslöschlichen Kern in uns zu stoßen,
auf das übriggebliebene Gold
nach dem Schmelzprozess,
auf das weisere, reifere Wesen.

Auch lohnt es sich manchmal,
der Dunkelheit zu trauen,
in der wir lernen,
auf eine andere Wahrheit zu achten
als die unserer Augen.
Es gibt eine Schau,
die uns nur mit geschlossenen Augen gelingt,
in der die Dunkelheit eine Art von Licht
im Inneren wird.
Nicht nur was wir sehen, ist Wirklichkeit,
sondern auch das, was dahinter liegt,
der Geist, aus dem alles entsteht.

*Kannst du glauben,
dass die Dinge so kommen,
wie sie kommen müssen,
und dass es eine Richtigkeit gibt,
auch wenn sie schmerzhaft ist
und wir gegen sie aufbegehren?
Wir sind beteiligt an den Abläufen unseres Lebens,
auch wenn sie uns befremden
und wir uns schnell als Opfer sehen.
Vieles, vielleicht alles,
haben wir selbst eingefädelt,
um uns in Lagen zu bringen,
in denen wir die Chance haben,
zu reifen und zu wachsen.
In einer Urtiefe in uns tragen wir den Wunsch,
das Ziel zu erreichen, abgerundet zu sein,
das Werk unseres Lebens zu vollenden.*

Vertraue, dass es Wachstum, Veränder
Entwicklung und Reife gibt.
Lebendig zu sein heißt zu wachsen.
Jeder Grashalm, jeder Baum,
jedes Tier, jeder Mensch wächst.
Es lohnt sich zu leben, um sich selbst
mit dem eigenen Wachstum zu überraschen.
Wenn wir offen sind für das Unmögliche,
wird mehr möglich, als wir je dachten.

Du bist noch lange nicht fertig.
Das Leben fordert dich heraus.
Es lohnt sich
dabei zu sein und festzustellen,
was aus dir noch werden kann.
Noch ist die letzte
deiner Verwandlungen
nicht geschehen.

*Gleichzeitig warnend und vertrauend
will ich mich einsetzen
für unseren Planeten.
Wir brauchen Menschen,
die die Welt lieben – denen es wichtig ist,
was aus dieser blauen Murmel im All wird.
Lassen wir für unsere Enkel
noch Luft, Wasser, Boden und Platz,
und werden sie noch das Glück haben,
unter alten Bäumen gehen
und den Fuß in Wildnis setzen zu können?
Ich will mitmachen bei der Erhaltung der Welt
und glauben, dass mein Einsatz
einen Unterschied macht.
Es ist leicht, die Hände in den Schoß zu legen
oder sie in die Luft zu werfen
und nur zu kritisieren.*

*Wenn wir uns von ganzem Herzen
in diese Welt hineingeben,
wird das Leben es uns lohnen
mit Buntheit.
Wenn wir vertrauen,
werden wir verantwortlich handeln.*

Könnte es nicht reichen,
nur zu atmen, zu denken,
zu gehen, zu sprechen,
zu hören, zu schmecken,
zu riechen, zu fühlen
- alles in dem vollen Bewusstsein,
lebendig zu sein?
Wäre das nicht die höchste Form von Vertrauen?

Wenn wir so leben,
stoßen wir die Tür auf,
die vom Zeitlichen ins Zeitlose,
vom Endlichen ins Unendliche,
von hier nach dort führt.
Wenn wir das Fassbare wirklich greifen,
gibt es uns eine Perspektive für das Unfassbare.
Sind wir ganz hier und würdigen das,
was unser Leben ausmacht,
bewegen wir uns gleichzeitig
auf eine Welt zu, die wir nur ahnen.
Es lohnt sich, beiden Welten zu vertrauen.

Wir können lernen,
auch dem Ungewohnten,
dem Fremden und Andersartigen
zu trauen.
Menschen, die uns überraschen,
weil sie anders leben und denken,
reißen uns aus unserem Trott.
Es ist gefährlich,
einzuschlafen in dem Bekannten,
sich zu wiederholen und sich selbst
als das Maß aller Dinge zu sehen
und dabei das Staunen zu verlernen.
Es lohnt sich zu leben
für das Erwachen und Erkennen,
für den Quantensprung in andere Welten,
für die Erweiterung des Bewusstseins.

Es lohnt sich,
der eigenen zeitlosen Suche
nach Gott zu trauen.
Solange es uns gibt,
hat es uns bewegt, herauszufinden,
wie Leben und Sterben zu verstehen sind
und ob es einen Sinn
und einen Sinngeber gibt.
Diese Suche hält uns lebendig
und schenkt uns Momente überfließenden Glücks
In ihnen erfahren wir die Weite,
nach der wir uns immer sehnen,
und die Nähe, in der wir uns geborgen fühlen.
Es lohnt sich, ausgestreckt zu leben
und ein Teil dieses Kraftfeldes zu werden,
sich fallen zu lassen in das Größere,
voller Unsicherheit, voller Glauben.

Beinahe ist das Wort "Behutsamkeit"
zu einem Fremdwort geworden.
Wir reden von Gewalt und Power,
von Durchsetzen und Selbstbehauptung.
Leistung bestimmt, Härte verspricht Erfolg.

Aber ich möchte für die Behutsamkeit leben,
für die zarte Annäherung,
für die vorsichtige Beschäftigung mit der Welt,
für die Begegnung, in der das Ahnen
noch einen Platz hat.
Durch unsere Behutsamkeit öffnet sich das Leben
und zeigt seine zarten Seiten.
Durch unsere Vorsicht entsteht,
was sonst keine Chance hätte.
Durch unsere Verhaltenheit
traut sich das Langsame vor.
Durch unsere Verletzbarkeit
verletzen wir weniger.
Durch unsere Zartheit
werden wir mit Zartheit beschenkt.
Es ist ein Schritt des Vertrauens,
in diesen Einstellungen die Kraft zu sehen,
die die Welt bewegt.
Manchmal ist es gut, nur zu beobachten,
wie tief Leben Leben traut.

Langsam und fast unmerklich
beginnt die größte aller Verwandlunge
Erst wehren wir uns gegen sie,
tun so, als ob sie nicht geschähe,
geben uns jung und kräftig.
Aber dann verschieben sich die Werte,
und wie ein versunkener Schatz
taucht die Wirklichkeit
einer anderen Welt auf.

Ich will auch meinem Altern vertrauen.
Wie in der Ernte
die reife Frucht eingesammelt wird,
so sammeln wir ein, was unser Leben gewesen ist.
Wir bündeln das Verstreute,
wir sichten und ordnen,
wir erkennen und geben uns zu erkennen,
wir ruhen uns aus.

Dabei wird es immer deutlicher,
dass es mehr, viel mehr gibt
als das, was uns früher begeistert und erfüllt hat.
Wir lernen, uns zu lösen,
und leben und lieben nun
wie unter einem Schatten
und doch in einem hellen Licht.

Zu den Fotos

Umschlag: Herbst in einem der Finger Canyons vom Zion National Park. Die Ahornbäume scheinen manchmal fast zu brennen. Wenn die Sonne nicht mehr in den Canyon reicht, werden die dunklen Canyonwände zu einem großen, fast schwarzen Hintergrund, auf dem die Farben noch mehr leuchten.

Vorsatzpapier: Kleeblüte in der Nähe von Lancaster, California, USA.

7 Cottonwoods an einem kleinen Wasserfall, im Coyote Gulch im Escalante Gebiet, Utah, USA.

9 Fireweed (Epilobium angustifolium), eine Blume, die nach Waldbränden erscheint, Sunshine Coast, BC, Kanada.

11 Auf Hornby Island, BC, Kanada.

13 Der tote Vulkan El Gato, bei Sonnenaufgang, in der Vizcaiño Wüste, Baja California Sur, Mexiko.

15 Treibholz an der Küste bei Gibsons, BC, Kanada.

17 Frühlingswald irgendwo in Deutschland.

19 Das Skelett eines toten Kaktus in einer Wiese, in der Vizcaiño Wüste, Baja California Sur, Mexiko.

21 Wind- und Wassererosion auf Gabriola Island, BC, Kanada.

24/25 Die östliche Sierra, in der Nähe von Bridgeport, California, USA. Mich faszinierte die Gegenüberstellung des wüstenartigen Vordergrundes mit den schneebedeckten Bergen im Hintergrund.

27 Abendstimmung über dem Pazifik mit Vancouver Island im Hintergrund, BC, Kanada.

29 Erstes Morgenlicht, östlich vom Yosemite National Park, California, USA.

31 Ahorn in Herbstfarben, Kolob Finger Canyons, ein Teil des

Zion National Park, Utah, USA.

33 Chief Mountain im Glacier National Park, Montana, USA. Als Kind wohnte ich hundert Kilometer von diesem Berg entfernt und habe mich oft nach ihm hingesehnt, ihn aber erst viele Jahre später besuchen können.

35 Kornblumenartige Blume hinter unserem Haus in Burnaby, BC, Kanada.

37 Ein von Indianern einer früheren Zeit geritzter Stein, in der Nähe von Tucson, Arizona, USA.

39 Sandsteinwand in Kolob Finger Canyons, Utah, USA. Die größeren Formen sind über drei Meter lang. Als ich sie das erste Mal sah, gab ich ihnen spontan den Namen "Finger Gottes". Inzwischen bin ich oft zu ihnen gereist und bestaune sie immer wieder. Sie sind nur bei Sonnenuntergang so markant. In meinem Buch "Du bist einzigartig" ist auf den Seiten 24/25 ein Bild, das die Finger Gottes in ihrem Umfeld zeigt.

41 Härte und Zartheit.

42/43 Sandstein Strata auf dem Colorado Plateau, Utah, USA. Hier wird das Auge von den Linien im Stein ständig geführt.

45 Cottonwood im Willow Canyon, Escalante Gebiet, Utah, USA.

Einen Sinn finden

Unsere Zeit ist gekennzeichnet durch eine Konzentration auf das Negative. Die Medien überschlagen sich, uns das Kaputte und Entleerte zu präsentieren. Bei vielen herrscht eine Hoffnungslosigkeit, die bis in die kleinsten Regungen reicht. Vieles ist angefressen von einer Skepsis, die nichts mehr ernst nimmt und unsere Fähigkeit, zu vertrauen, nur belächelt. Viele scheinen keine Werte zu haben, für die es sich zu leben lohnt. Die Institutionen, in denen wir uns entfaltet haben, sind durch viele Enttäuschungen unglaubwürdig geworden. Ein aggressiver und oft brutaler Ton hat sich unter uns breit gemacht.

Aber so können wir nicht leben, nicht auf Dauer. So höhlen wir uns selbst aus. Viele suchen Zuwendung, erfüllte Werte, spirituelle Zusammenhänge, um leben zu können. Diese Suche möchte ich mit dieser Buchserie unterstützen. In Texten und Bildern und in der ganzen Aufmachung will ich versuchen, Mut zu machen, einen Sinn zu finden, Werte zu setzen, sich zu öffnen für die vielen Wunder, die es in uns und um uns gibt. So wie es große Wut und Zerstörung gibt, so gibt es auch Liebe und Sanftmut. Für jeden Mörder, von dem wir hören, gibt es hundert oder gar tausend Menschen, die in ihrer Liebe, Opferbereitschaft und Zartheit über sich selbst hinauswachsen und Leben schaffen. Auch das ist eine Wirklichkeit dieser Welt, die wir aktiv verstärken können.

Weitere Bände dieser Reihe

Du bist einzigartig

Fast überall auf dem Planeten gibt es uns Menschen. Wir werden abgezählt, Gruppen zugeordnet, hochgerechnet. Dabei ist jeder von uns einzigartig. Wie finden wir zu uns selbst und zueinander?

Erinnere dich an deine Kraft

Wir alle haben „Zeiten der Kraft" erlebt, Momente, in denen wir über uns selbst hinausgewachsen sind und einen Weg gefunden haben. Wie können wir uns an die Quellen der Kraft erinnern?

Das Leben in dir

Wenn uns Pflichten, Erwartungen, Enge und Hektik bedrücken, kommen wir uns oft vor wie Zuschauer unseres eigenen Daseins. Wie können wir Wünsche und Sehnsüchte wieder in uns wachrufen?

Sein wie ein Baum

Bäume sprechen eine eindringliche Sprache: die Sprache der Weisheit. Viele Menschen haben ein Ohr dafür. Die Beständigkeit der Bäume, ihre Stille und ihr Alter wirken anziehend auf uns. Wie können wir uns in ihnen wiederfinden?

Ich wurde 1942 in Pommern geboren. Nach dem Krieg wohnte unsere Familie bei Bremen, bis wir 1953 nach Kanada auswanderten. Wir wohnten zuerst in der Prärie Albertas und zogen 1955 in den Norden von British Columbia. Dort ging ich zur Oberschule, in einem Ort umgeben von Wildnis. Dieses Erlebnis von ursprünglicher Landschaft wurde zu einem wichtigen Bestandteil meines Lebens. Immer wieder zieht es mich zurück in Landschaft, die menschenarm ist.

Von 1961 bis 1970 studierte ich deutsche und englische Literatur und arbeitete anschließend als Dozent an einem College bei Vancouver. Seit 1981 bin ich freier Schriftsteller und Fotograf. Mich reizt es immer wieder, Wort und Bild zusammenzubringen. Schreiben und Fotografieren ist für mich eine Orientierungshilfe. Ich schreibe über das, was mir wichtig ist und was ich selbst lernen will. Ich schreibe darum nicht aus einer Abgeklärtheit, sondern als ein Beteiligter, als jemand, der seinen Weg sucht und sich auf diesem Weg mit anderen verbunden fühlt. Seit 1965 bin ich mit Waltraud verheiratet. Wir haben zwei erwachsene Töchter, Kira und Zilya. Vieles in meinem Leben entsteht auf dem Hintergrund dieser und anderer Beziehungen.

Die Deutsche Bibliothek - CIP-Einheitsaufnahme

Schaffer, Ulrich
Vertraue dem Leben / Ulrich Schaffer. - Stuttgart:
Edition Schaffer im Kreuz-Verlag 1997
ISBN 3-7831-1599-X

1 2 3 4 5 01 00 99 98 97

Postfach 80 06 69, 70506 Stuttgart, Tel.: 0711/78 80 30
Texte, Fotos und Gestaltung: Ulrich Schaffer
Aquarellierte Initiale
und graphische Beratung: Friedrich Peter
Umschlag: Friedrich Peter und Ulrich Schaffer
Layout: Ulrich Schaffer, unter Verwendung
des Software-Programms QuarkXPress
Autorenfoto: Zilya Schaffer
Schrift: Galliard
Reproduktionen: GRS, Ludwigsburg
Druck: Franz W. Wesel Druckerei und Verlag
ISBN 3-7831-1599-X